Elena Lebrato Bustos

Postales
a Inés

Prólogo de
Silvia Nanclares

Ilustraciones de
Sofía García Bustos

Un epistolario arcoíris

Por Silvia Nanclares

Conocí a Elena gracias a Inés. Coincidimos en un evento literario y Elena me soltó de sopetón su historia (y la de Inés). Lo hizo como solo Elena sabe contar su biografía, con la dignidad, la sinceridad y la media sonrisa de lo que es: una madre politizada de la periferia, como ella siempre insiste en recordarnos, que hace su parte del trabajo para hacer de este mundo un lugar más amable, más humano, menos raro. Ese día, ella me prometió que escribiría un libro, un libro que llevaba dentro para su hija. Un libro que vería la luz. Este libro.

Una pandemia y varios talleres literarios después, me emociona ver plasmado en papel el ánimo que siempre tuvo este libro, el de remover con amor el dolor íntimo y el tabú social que rodea la muerte gestacional o perinatal. Hace poco, Xelo, otra querida amiga, también madre y agitadora cultural de la periferia, me pedía con ansiedad y aflicción alguna lectura para poder comprender lo que estaba pasando una amiga cercana que acaba de perder a su bebé a término. Trasladé su petición a un grupo de madres en pie de literatura al que pertenecemos Elena y yo, y por supuesto, reaccionaron al momento con varias referencias precisas. Para cuando vuelva a surgir esa dolorosa necesidad ya sabré cuál será el primero que recomendaremos todas: el libro de Elena. El libro de Inés.

Después de pensar mucho en qué podría yo añadir como prólogo a este libro hermoso, me decido por escribirle una postal a mi amiga, arrullada por el canto de las suyas, de las postales a Inés.

Querida Elena:

Me ha emocionado leer seguidas vuestras postales, de las cuales solo conocía alguna. Hay tantos destellos de la experiencia que vivisteis Inés y tú, tantos hitos de ese camino insospechado que he sentido como si estuviera acompañándote en aquellos momentos. Tú e Inés acompañando a todas las personas que quedamos del lado de la ignorancia, que no sabemos de la soledad, de la transformación del dolor en tierno recuerdo, del desgarro en cicatriz, de los tropiezos del duelo a transitar el camino.

Gracias por dejarnos sentir esa cercanía. Gracias por ponerle nombre a Inés. Gracias por escribirlo, por hacerlo así de bello, por compartirlo. Por enseñarnos tanto. De una travesía tan oculta, tan llena de espinas, de miedo, por hacernos ver que todo dolor merece un camino de acompañamiento, y que este libro es una invitación a incorporarse a él. Manual de instrucciones tierno, íntimo y doméstico que nadie quiso tener jamás que utilizar, pero del que necesitamos dotarnos como comunidad y sociedad. Olé por ti. Por vuestro libro arcoíris.

Gracias, Elena. Gracias, Inés.

Tu amiga, Silvia

Introducción

El sábado 7 de marzo de 2020 fue el último día que físicamente coincidí con mis compañeras del Taller de Creación Literaria, y mucho más, Maternituras, coordinado y arropado por Silvia Nanclares. Todas las que estábamos allí queríamos trasladar al papel los pensamientos, ideas y emociones que germinaban continuamente en nuestras entrañas, pero que a veces ni disponíamos de tiempo, de herramientas, e incluso ni disponíamos de espacio.

Ninguna de nosotras pensábamos que ese día sería el último en el que nos reuníamos en esa sala.

Inicié mi andadura en este taller sin tener muy claro qué era lo que quería contar, y no fue aquí sino en otro espacio alrededor de una mesa camilla y un brasero virtual, donde estas postales se hicieron realidad.

Confinamiento mediante, Silvia nos proponía ejercicios de escritura rápida. Volcamos lo primero que venía a nuestra mente en las sesiones, y otras veces estas tareas se convertían en la semilla para escribir algo más. Como ocurrió con estas postales. Mis postales de la cuarentena son las postales de mi hija Inés.

Inés es mi hija a la que no oí llorar tras el parto, porque nació muerta. Tampoco tenía nombre en el momento en el que nació, pero se lo pusimos después.

Me tocó vivir la cara B del embarazo. Esa parte que está difuminada, borrosa e invisibilizada, pero que existe. Suelo recurrir a la literatura para cobijarme, comprender, descubrir e, incluso, huir. Pero cuando lo hice en esta ocasión, no encontré libros en los que refugiarme. Mi propósito con esta colección de postales es visibilizar la muerte perinatal y ser refugio para las familias que han vivido, lamentablemente, esta trágica experiencia.

Cierro un círculo y abro un nuevo horizonte.

Gracias, Inés, por tanto.

Querida Inés:

Dos veces al año te invoco.

Celebrarte no, porque no hay qué festejar.

Recordarte tampoco, porque eso lo hago casi todos los días.

En el calendario tengo marcados en tinta invisible dos días para ti, pero no son ni cumpleaños ni santoral.

Son la fecha de tu posible parto y la fecha de tu parto, que no nacimiento. Un 30 de octubre donde vida y muerte iban dados de la mano.

8 años ya. Querida Inés, ¡feliz no cumpleaños!

Tu mamá

Querido bebé:

Este mediodía abrí el buzón cuando venía de clase y había una carta del hospital. No la abrí.

Me senté en la cocina a comer y no pude. Me hice un té y me lo tomé junto a la carta. Ambas nos mirábamos.

La dejé en el cajón de la cómoda y me fui a por Carlos. Cuando la pueda abrir, te cuento.

Tu mamá

Querido bebé:

La carta sigue en el cajón.

No se lo he contado a nadie. Tampoco me han preguntado y unas cuantas personas saben que esta carta algún día iba a llegar.

Este silencio es asfixiante.

Aún estando rodeada, la soledad me acompaña.

Tu mamá

Hola:

No sé si eres mi hermano o mi hermana. Aún mamá no lo sabe. Tampoco sé tu nombre.

Habla de una carta, pero no la ha abierto.

Cuando llaman a mamá le preguntan: «¿Ya sabes si era niño o niña?» Ella no contesta.

Me pone triste que no estés. Hoy llegó nuestra litera.

Tu hermano

Querido bebé:

Abrí la carta. Me temblaba todo el cuerpo. Sentada en el suelo delante del cajón.

Sola. Nadie preguntó.

Rasgué el sobre con rabia y con miedo a romper lo de dentro. Antes de leer la causa de tu muerte, leí que eras una bebé. Lloré. Mi hija estaba muerta.

Mi hija sin nombre. Mi bebé.

Tu mamá

~~Querido bebé~~ Querida Inés:

He tardado en escribirte. Perdóname.

En la tarde de ayer te puse nombre: Inés.

Leí y releí la lista de nombres que teníamos
pensados. No sabíamos si eras niña o niño,
así que teníamos una lista para cada opción.

Te puse Inés.

Lo escribí y te lloré. Te quiero.

Tu mamá

Querida Inés:

Carlos me preguntó el otro día por qué no te llevábamos flores.

Se instaló un silencio sepulcral entre los dos. Dudé. No supe contestar. «¿Llevar flores?» —le pregunté yo.

«Sí, como cuando vamos al cementerio y le llevamos flores a la Chacha». Preguntaba por tu tumba.

«Inés no tiene tumba». Volvimos a callar y nos dimos la mano.

Tu mamá

Querida Inés:

Te compré una caja. No puedo decir si es bonita o no. Solo es una caja.

He metido tus ecografías, unos patucos, un arrullo y tu autopsia.

Me hubiera gustado poder guardar la pinza del cordón umbilical, tu pulsera de nacimiento y tu muñeco favorito.

No tengo nada de eso, porque hubo nacimiento, pero no vida.

Qué bonito hubiera sido tener al menos tus huellas, como rastro evidente de tu paso por nuestras vidas.

La he guardado en el armario junto a la caja de Carlos. A él le daré la suya cuando sea mayor. La tuya siempre estará conmigo.

Tu mamá

Querida Inés:

Encontré en la red un grupo de duelo de bebés.

No me acostumbro a pronunciar juntas esas dos palabras: bebés y duelo.

¿Por qué no nos cuentan que puede suceder?

¿O no escuchamos cuando nos lo cuentan?

Anoté en la agenda la próxima reunión: último sábado de enero. Tengo que pensar si iré.

Tu mamá

Querida Inés:

Esta mañana me levanté, desayuné y me fui.

No dije a dónde iba ni con quién. Me sentía mal por irme en silencio, pero no quería consejos que no había pedido ni frases hechas y vacías.

En el tren no podía leer. No me concentraba.

Tenía miedo a lo desconocido, pero a la vez necesidad de ello.

¡Cuánto dolor hace el silencio! ¿Por qué se huye de las palabras? Fue doloroso ir, pero me sentó bien.

Tu mamá

Querida Inés:

Ahora sé que estás acompañada de bebés muy queridos y deseados a los que también se echa de menos cada día. Bebés a los que también lloran y recuerdan.

A veces en soledad y otras en compañía. Sois bebés estrellas, nuestras estrellas.

Estáis ahí arriba guiando y dando luz. Acompañando. Porque siempre estaréis.

Tu mamá

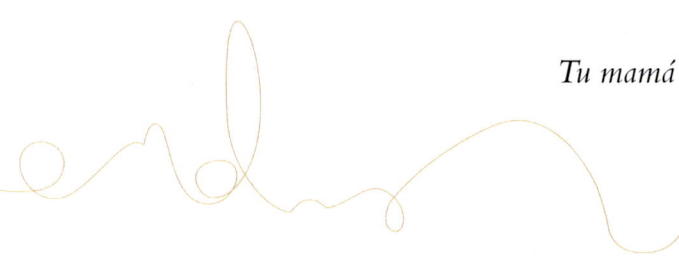

Querida Inés:

Estoy embarazada y no estoy feliz. Siento miedo por el nuevo embarazo. Miedo de volver a perder a otra hija. Miedo de no tener otra hija.

Miedo de olvidarte.

Miedo por no querer al bebé.

Miedo de seguir llorando y no sonreír más.

Miedo de no quererle.

Miedo de mirarle y pensar en ti.

Te quiere, tu mamá.

Querida Inés:

No he vuelto a ir al grupo de duelo.

Tal vez tendría que seguir yendo, pero no me parecía adecuado. No me han preguntado por qué no voy.

¡Qué importante un espacio así! Sin ataduras, sin obligaciones, sin presiones… Solo para acompañar.

Tu mamá

Querida Inés:

No le he contado a nadie que estoy embarazada. La ginecóloga me miró con cara enfadada.

Creo que piensa que es demasiado pronto.

Hecho está. Tendré un bebé en el 2013, como ya iba a suceder.

Un bebé arcoíris: «Las nubes de la tormenta pueden todavía amenazar, pero el arcoíris provee un balance de color, energía y esperanza».

Tu mamá

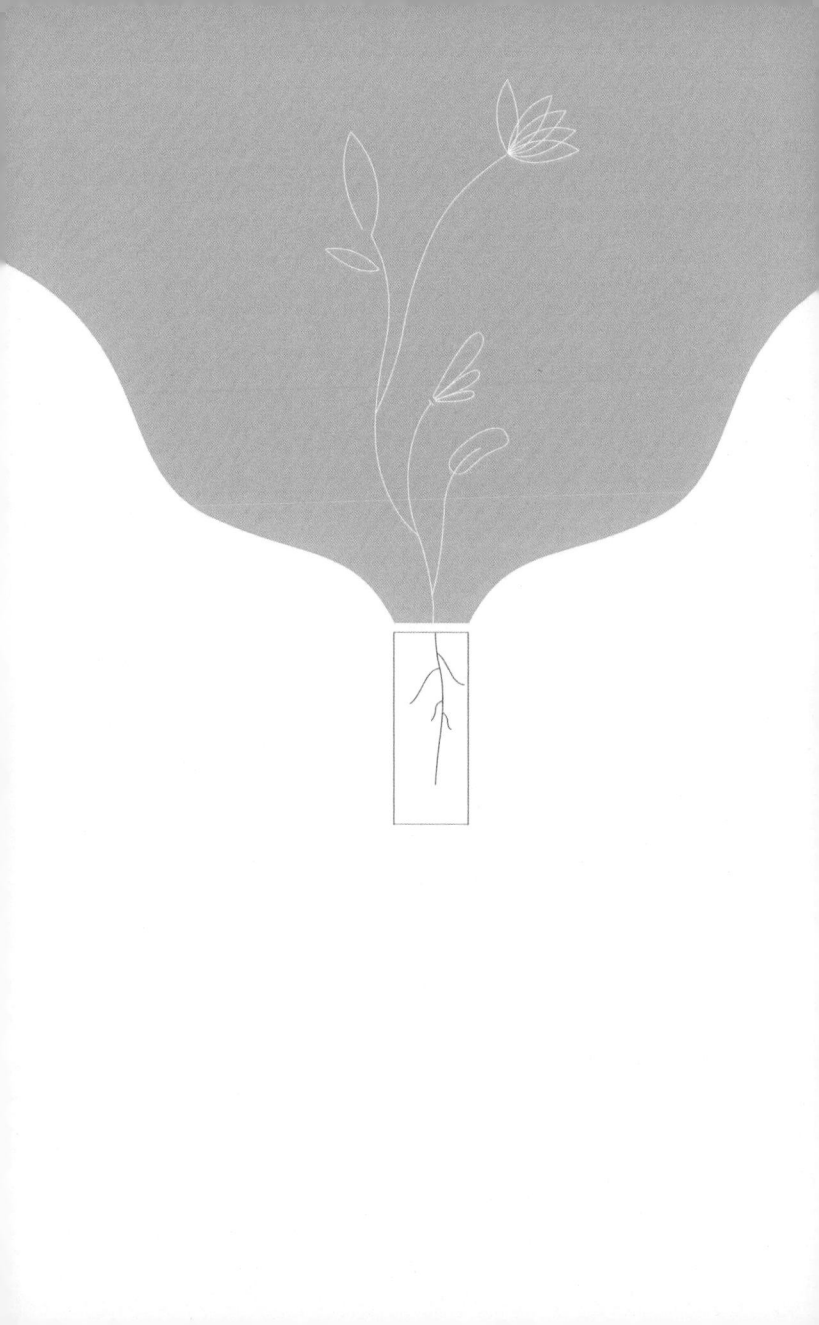

Querida Inés:

¡Es niña!

Tu mamá y tu hermana

Querida Inés:

Tenía miedo de que volviera a suceder.

Al pasar la semana 24 ha sido un alivio, como llegar a una meta volante. El miedo sigue estando porque puede volver a suceder.

No le hablo, no le pongo música. Solo palpo para ver si todo sigue bien por ahí. La matrona me dijo que buscara la palabra *microquimerismo*.

Ya te contaré.

Mamá

Querida Inés:

Ya investigué. Microquimerismo.

¿Sabes que estarás siempre en Alejandra?

Células tuyas y de tu placenta pasaron a mi
sangre, y estas células pasan a Alejandra,
convirtiéndose en mi pequeña *matrioska*
que dentro contiene a su hermana mayor.

Cuando la abrace a ella, os abrazaré a las dos.

Tu mamá